Do ideal de família à criação desproporcional

SÉRIE LETRAS PSICANALÍTICAS

Do ideal de família à criação desproporcional

Um itinerário que a psicanálise lacaniana ilumina

PABLO PEUSNER

©2021 Aller Editora
Do ideal de família à criação desproporcional: um itinerário que a psicanálise lacaniana ilumina
Publicado com a devida autorização e com todos os direitos,
para a publicação em português, reservados à Aller Editora.
É expressamente proibida qualquer utilização ou reprodução do conteúdo
desta obra, total ou parcial, seja por meios impressos, eletrônicos ou
audiovisuais, sem o consentimento expresso e documentado da Aller Editora.

Editora	Fernanda Zacharewicz
Conselho editorial	Andréa Brunetto • *Escola de Psicanálise dos Fóruns do Campo Lacaniano*
	Beatriz Santos • *Université Paris Diderot — Paris 7*
	Jean-Michel Vives • *Université Côte d'Azur*
	Lia Carneiro Silveira • *Escola de Psicanálise dos Fóruns do Campo Lacaniano*
	Luis Izcovich • *Escola de Psicanálise dos Fóruns do Campo Lacaniano*
Tradução	Fernanda Zacharewicz
Revisão	André Luiz Rodrigues
Diagramação	Sonia Peticov
Capa	Wellinton Lenzi

Série *Letras psicanalíticas*
Primeira edição: junho de 2021
Primeira impressão: abril de 2024.

Dados Internacionais de Catalogação na Publicação (CIP)
Ficha catalográfica elaborada por Angélica Ilacqua CRB-8/7057

P514

Peusner, Pablo
Do ideal de família à criação desproporcional: um itinerário que a psicanálise lacaniana ilumina / Pablo Peusner; Fernanda Zacharewicz (Tradução) -- São Paulo: Aller, 2021. (Letras psicanalíticas, V.1)

ISBN: 978-65-87399-13-3
ISBN e-book: 978-65-87399-14-0

1. Psicanálise. 2. Criança. 3. Educação. 4. Filhos. 5. Jacques Lacan (1901-1981). 6. Sigmund Freud (1856-1939). 7. Análise. I. Peusner, Pablo. II. Zacharewicz, Fernanda (Tradução). III. Título.

CDD 150.198

Índice para catálogo sistemático
1. Lacan, Jacques, 1901-1981

Publicado com a devida autorização e
com todos os direitos reservados por

ALLER EDITORA
Rua Havaí, 499
CEP 01259-000 • São Paulo — SP
Tel: (11) 93015-0106
contato@allereditora.com.br

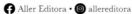

AO ALCANCE DE TODOS

A Aller Editora nasceu do compromisso com a transmissão da psicanálise por meio da publicação de obras essenciais para a formação do analista. Desde sua fundação, firmamos o trabalho de parceria com nossos autores, logramos chegar a mais psicanalistas em nosso imenso país, ultrapassamos as fronteiras institucionais. Enfim, insistimos na convicção de que é possível ampliar o acesso às publicações psicanalíticas.

Aprendemos que se comemora dando um passo a mais em direção ao desejo. Como corolário disso, surgiu a ideia de disponibilizarmos periodicamente textos de nossos autores no formato de pequenos livros que pudessem ser baixados gratuitamente em qualquer computador, celular ou tablet ou adquiridos impressos a preços acessíveis.

LETRAS PSICANALÍTICAS

E o acaso, mais uma vez, nos presenteou com um bom encontro. Essa série se inicia com o texto "Do ideal de família à criação desproporcional: um itinerário que a psicanálise lacaniana ilumina", de Pablo Peusner, autor do primeiro livro que publicamos, *Fugir para adiante*, e aquele que sem garantias apostou — e continua apostando! — conosco.

Nomeamos essa série "Letras Psicanalíticas", pois "letra" em francês se escreve igual a "carta" — *lettre*. Nosso desejo se estende por essas duas vias: que a carta chegue a seu destino, a todos os psicanalistas, e que a letra de nosso desejo continue se escrevendo.

FERNANDA ZACHAREWICZ
Editora

1

Do ideal de família à criação desproporcional

Um itinerário que a psicanálise lacaniana ilumina[1]

Meu título convida a um itinerário que se inicia com um significante: "ideal de família". Gostaria de propor, a título de tese, que esse ideal de família que tentarei definir de início está suposto em certos discursos e instituições pelos quais transcorre a vida dos sujeitos humanos falantes, ou seja, nossa vida. Esse ideal, às vezes oculto e outras vezes exposto, se encontra presente fortemente

---

[1] Videointervenção de introdução ao colóquio realizado pela Associação Argentina de Psicologia Jurídica e Forense em 31 de julho de 2020.

nas instituições sanitárias, jurídicas, religiosas e educativas, e, como tal, é o fundamento do enunciado que elas produzem — diagnósticos, perícias, preceitos morais, avaliações, entre outros.

É claro que o *ideal de família* é patriarcal e heteronormativo — sempre me chamou a atenção aquele famoso livro lançado em 2002 cujo título, *A família em desordem*[2], dava conta de que algo não estava em ordem — ao menos, não no que poderia ser esperado a respeito de certa ordem simbólica.

A família "em ordem", ou seja, a família conjugal tão perto do ideal, formada pelo pai, pela mãe e pelos filhos menores e solteiros, é, na verdade, resultado de uma história: a história da instituição familiar, porque a família — ao menos desde a perspectiva da psicanálise lacaniana — é uma instituição e, como tal, teve diversas configurações: paternal, agnática, cognática e outros formatos menos conhecidos e mais locais, como, por

---

[2]ROUDINESCO, E. *A família em desordem*. Tradução de André Telles. Rio de Janeiro: Zahar, 2003.

exemplo, a zadruga eslava. Quando foi instituída a família conjugal — devemos o termo ao sociólogo Émile Durkheim, que o propôs em 1892, termo que Lacan qualifica de "excelente"[3] —, *parece* que a família se pôs em ordem e alcançou seu ideal. Desde então, sempre pensando com o ideal, qualquer formato que não coincida com aquele está em desordem: homoparental, monoparental, coparental e até a família mosaico[4].

Antes de continuar, convém destacar que, apesar da instituição familiar ter uma história, ela conserva um traço que se manteve incólume ao longo do tempo e de suas mutações e que eu gostaria de apresentar com as palavras de Lacan: trata-se da "irredutibilidade de uma

---

[3]LACAN, J. (1938) Os complexos familiares na formação do indivíduo. In: LACAN, J. *Outros escritos*. Tradução de Vera Ribeiro. Rio de Janeiro: Zahar, 2003, p. 33, tradução modificada.

[4]Nota da editora: Família mosaico, ou família reconstituída, é formada por pais que têm filhos e se separam, e eventualmente começam a viver com outra pessoa que também tem filhos de outros relacionamentos. Definição retirada do link: *https://direitofamiliar.jusbrasil.com.br/artigos/410528946/voce-sabia-que-existem-varios-tipos-de-familia*. Acesso em 19 de maio de 2021, às 16h07.

transmissão"[5]. A família, qualquer que seja sua forma de organização, não pode não transmitir[6] — e não se trata aqui de herança biológica, mas, sim, de um modo de transmissão que se opera pelo simbólico e que se encontra animado por um desejo que pode ou não ser anônimo. Não há nada de natural, biológico, na construção de uma família. Obviamente, a reprodução é um fato biológico, mas "parir uma cria" e "ter um filho" não são a mesma coisa.

O ideal de família empurra para a biologia, defende-a, empunha-a como bandeira: de fato, é frequente escutar como argumento de seus partidários que qualquer modificação é "antinatural", como se ir *contra natura* não fosse um destino inevitável do sujeito que fala, justamente porque fala. Não há nada de natural no sujeito humano falante, o sujeito humano falante nunca se comporta

---

[5]LACAN, J. (1969) Nota sobre a criança. In: LACAN, J. *Outros escritos*. Tradução de Vera Ribeiro. Rio de Janeiro: Zahar, 2003, p. 369.
[6]PEUSNER, P. *Fugir para adiante*. Tradução de Fernanda Zacharewicz e Maria Claudia Formigoni. São Paulo: Aller, 2021, 2ª edição, p. 91-122.

Do ideal de família à criação desproporcional

como um animal. Nestes tempos em que a biologia e as neurociências alcançaram seu máximo desenvolvimento, em que o cérebro parece subsumir a categoria do sujeito, é fácil confundir-se. E se é verdade que a família humana e a família biológica compartilham algumas funções — tais como a reprodução, e a alimentação e o cuidado das crias —, dita similitude é apenas aparente.

Já desde a década de 50, Lacan tensionava a relação entre a linguagem e a biologia, pondo esta última — pelo menos — no mesmo nível... Cito, em primeiro lugar, uma linha do seminário *A relação de objeto*: "Desde a origem, a criança se alimenta *tanto* de palavras quanto de pão, e perece por palavras"[7]. Nessa frase, a linguagem introduz o especificamente humano, mais além da biologia — sendo a linguagem o traço que diferencia o sujeito humano de um organismo puramente biológico. Mas havia mais e mais cedo, porque, em 1954, por ocasião da conferência "Do símbolo

---

[7]LACAN, J. (1956-1957) *O seminário, livro 4: a relação de objeto*. Tradução de Dulce Duque Estrada. Rio de Janeiro: Zahar, 1995, p. 192, aula de 27 de fevereiro de 1957, grifo nosso.

e de sua função religiosa", afirmou: "Como o senhor não ignora, nascemos tanto das palavras quanto do simples acasalamento de nossos pais, e as palavras pronunciadas pelo mediador têm nisso, por assim dizer, um papel igualmente genésico"[8]. Esta é mais forte ainda: nascemos tanto da biologia dos corpos quanto das palavras de nosso pai e nossa mãe. Outra vez, a biologia sozinha não basta para dar conta da produção de um sujeito.

A biologia sonha o sonho da proporção sexual alcançada ou, para dizê-lo freudianamente, o sonho do instinto. Vou tentar lhes contar como cheguei a essa ideia e, para tanto, convido-os a realizar uma breve digressão — como na análise...

Sabemos que todas as espécies vivas compartilham duas instruções em seu programa genético: reproduzir-se (replicar a espécie) e intercambiar energia com o meio (ou seja, alimentar-se, eliminar resíduos e descansar). Os animais *em estado de*

---

[8]LACAN, J. (1954) Do símbolo e de sua função religiosa. In: LACAN, J. *O mito individual do neurótico*. Tradução de Claudia Berliner. Rio de Janeiro: Zahar, 2008, p. 75.

natureza cumprem com esse programa genético, o que os obriga a se reproduzir e a intercambiar energia com o meio *de forma proporcional*: alimentam-se com o estritamente necessário, eliminam seus resíduos quando assim o necessitam, descansam para repor as energias que consumiram ao longo do dia e, durante o cio, buscam o correspondente exemplar da mesma espécie para copular e reproduzir-se. Nem mais, nem menos: o justo, o exato. E essa proporção alcançada é efeito do instinto, que, como afirma Lacan, "se define como o conhecimento que é admirado por não poder ser um saber"[9]: justamente por se tratar de uma codificação genética, não admite equívocos, mas apenas falhas, o que não é o mesmo, posto que ali não opera o significante. Não existem excessos nem defeitos na natureza — e aproveito aqui para definir a natureza como *o não tocado pelo significante*. Essa proporção alcançada que chamamos instinto já é perturbada ao domesticarmos um animal

---

[9]LACAN, J. (1960) Subversão do sujeito e dialética do desejo. In: LACAN, J. *Escritos*. Tradução de Vera Ribeiro. Rio de Janeiro: Zahar, 2008, p. 818.

(Lacan os chamava animais "d'homésticos"[10] em "Televisão"), ou seja, apenas o submergimos em nosso mundo do significante: comem demais e engordam muito, ou deixam de comer (como o leão no zoológico), ou é impossível fazer que se reproduzam, ou tentam-no com uma almofada ou com a perna de alguém que visita nossa casa... Obviamente, domesticar um animal é uma operação *contra natura*.

Aproveito aqui para dizer que a alimentação humana também é *contra natura*, e por isso nos alimentamos *à la carte* ou podemos escolher ser onívoros, vegetarianos ou veganos. E está claro que, mais além da fantasia de contar as calorias que ingerimos, do sonho da nutrição equilibrada, sempre comemos mais ou sempre comemos menos do que seria estritamente equivalente às calorias que consumimos — às vezes chegamos à patologia e temos assim a causa dos transtornos alimentares. Há todo um mundo de

---

[10]LACAN, J. (1974) Televisão. In: LACAN, J. *Outros escritos*. Tradução de Vera Ribeiro. Rio de Janeiro: Zahar, 2003, p. 510.

problemas com a eliminação das fezes, o que vai desde seu ensino e aprendizagem até as dificuldades com os lugares e momentos para realizá-la (sujeitos que aguentam mais e outros que não aguentam e fazem nas calças...)[11]. O mesmo acontece com o descanso — há os que dormem muito e pessoas que não dormem nada — e, claro, com a sexualidade. Freud dizia que esta última é sempre infantil — e até poderíamos dizer que é *contra natura* quando não tem fim reprodutivo. Em síntese: no mundo humano, que é um mundo de linguagem, não se pode fazer nada "como um animal". Tudo é desproporcional por excesso ou por defeito.

A tese que a psicanálise lacaniana propõe é que a linguagem *forclui* a proporção sexual. É uma fórmula que também poderíamos apresentar

---

[11]"Diferentemente do que acontece em todos os níveis do reino animal — isso começa no elefante e no hipopótamo e termina na medusa —, o homem caracteriza-se na natureza pelo extraordinário embaraço que lhe causa — como chamar isso? meu Deus, da maneira mais simples — a evacuação da merda." In: LACAN, J. *Meu ensino*. Tradução de André Telles. Rio de Janeiro: Zahar, 2006, p. 74.

afirmando que a linguagem *forclui* o instinto, já que o instinto é um nome da proporção sexual.

Para seguir brincando um pouco com esses termos, também se poderia afirmar que a proporção sexual é para o instinto o que a desproporção é para a pulsão. Assim, enquanto o instinto determina ciclos, a pulsão é uma força constante (Freud a chamava *Drang*, e a traduzimos habitualmente por "esforço") e, ante sua demanda, o sujeito não pode se deter — é comum encontrar sujeitos humanos falantes que "não podem parar"...

Consequentemente, funções biológicas básicas como se alimentar, eliminar as fezes, descansar e reproduzir-se se encontram tão afetadas no ser falante que a desproporção com a que são exercidas chega, por vezes, à patologia. Outro matiz do que vai *contra natura* no sujeito humano falante. E agrego: não há maneira de pensar esse sujeito *contra natura* em uma família biológica, tal como propõe o ideal de família.

É o instinto, modo alcançado da proporção sexual, o que durante a época de cio impele um animal selvagem a outro de sua espécie, de sexo biológico oposto. Ali, o instinto tem primazia e é aquele que impele, nenhum animal em estado de natureza duvida de sua identidade sexual ou de seu gênero. Ali, somente há sexo biológico posto a serviço da reprodução para manter a espécie. Curiosamente, os discursos que promovem o ideal de família querem nos convencer de que o normal seria nos comportar como animais selvagens: a cada macho corresponderia uma fêmea e vice-versa — e se levarmos a coisa ao extremo, por exemplo, os cultos religiosos mais arcaicos, somente com fins reprodutivos.

Freud, que era sumamente lúcido nesses temas, legou-nos um significante muito valioso para nomear o assunto: o mal-estar na cultura. Não vivemos na natureza, mas, sim, na cultura. E porque a diferença entre a cultura e a natureza é a linguagem, na cultura não há proporção sexual, apenas mal-estar. Em linhas gerais, o mal-estar na cultura quer dizer que tudo o que no sujeito humano falante se pode pensar como fenômeno biológico, tudo o que se parece a um animal, em realidade está profundamente afetado, modificado, transformado e deformado até o mal-estar, por sua imersão na linguagem.

Está claro a essa altura que a psicanálise não poderia promover o ideal de família nem nenhum de seus supostos sem incorrer em complexas contradições. Longe da tribuna política, muitos de nós temos nos esforçado em nosso trabalho cotidiano com analisantes para defender a família como uma instituição em permanente movimento — às vezes inclusive contra as posições de alguns célebres colegas decididamente *homoterroristas* e *heteropatriarcais*.

Ora, o ideal de família incide fortemente em uma das funções principais da família, que consiste na criação de filhos e filhas. Do ideal de família, desprende-se um *ideal de criação*, esse, sim, defendido e auspiciado pela psicologia, e que se tentou modelizar há mais de 2500 anos: encontramos as primeiras menções escritas a isso na *Constituição dos Lacedemônios*, de Xenofonte, e na *República*, de Platão, as menções intermediárias estão em diversas obras que abordam a criação e educação de meninos e meninas (desde a

Pedagogia, de Kant, ao *Emílio*, de Rousseau); mais próximos, os livros da célebre Escola de Pais, da década de 60, e ultimamente... bom, nas redes sociais e nos tutoriais do Youtube.

O conhecimento que denominamos instinto funciona como um manual de criação na natureza. Os animais estão perfeitamente informados de como e em que momento resolver tal ou qual situação típica da criação, como, por exemplo, a interrupção da lactância, o abandono dos filhotes, a troca de habitat, entre outros. Não imaginamos um animal selvagem em crise ante o dilema do que fazer com suas crias, de quanto ou quando alimentá-las, nem de como tratar alguma manifestação particular delas. Porém, a imersão na linguagem rompe com esse conhecimento. Na cultura, no mal-estar na cultura, não há manual de criação, faz-se o que se pode, e sempre, em todos os casos, *o que se pode fazer é desproporcional*: faz-se muito ou pouco, o que se faz é muito ou pouco operativo, muito ou pouco grave, muito ou pouco preciso, muito ou pouco saudável e, inclusive, muito ou pouco patológico...

E cedo ou tarde, esses que alguma vez foram criados mediante práticas desproporcionais consultarão um analista e se deitarão no divã para testemunhar tais excessos ou defeitos... O ideal da família sonha com um *ideal de criação* proporcional, animal, natural. Sonha também com um pai e uma mãe que saturem a função — algo impossível por definição. E, finalmente, sonha com um universal: um "para todo x" que reduza a um único modelo o desejo e os modos de satisfação paradoxal que intervêm, de ambos os lados, no processo de criação.

Mas todo o processo de criação do sujeito humano falante é *contra natura*: um filho ou uma filha são sempre mais, menos ou outra coisa do que se esperava — e já temos aí um matiz da desproporção. E, além disso, como assinalei, as funções parentais que os recebem serão excessivas ou defeituosas, fazendo cair qualquer ideal em jogo.

Vejo com frequência em meu trabalho clínico como se presentificam no discurso de meus analisantes (crianças ou adultos; pais, mães ou

Do ideal de família à criação desproporcional

filhos) esses ideais de família e de criação, inclusive quando às vezes chegam a me consultar para pedir que realize os ajustes necessários a fim de torná-los proporcionais — curioso paradoxo, de fato. Esses ideais habitam a fala popular, por isso impacta tanto quando a literatura ou o cinema rompem com eles e desvelam esse traço *contra natura* do qual estamos falando — penso na mãe que nos apresenta Amélie Nothomb em *Golpéate el corazón*, ou no pai que Eduardo Halfon introduz em *Saturno*, mas também nos modos parentais que mostram filmes como *O castelo de vidro* ou *Capitão Fantástico*...

Freud já sabia da desproporção quando falava da necessária atitude terna dos pais para com seus filhos em "Sobre o narcisismo: uma introdução", que é de 1914. O adjetivo "terno" resulta curioso na frase porque nos faz pensar que poderia existir alguma outra atitude dos pais e das mães para com seus filhos que não fosse terna. Enfim, inclino-me a pensar que Freud supunha que inclusive em uma posição ideal para receber a um filho no marco da cultura regia a desproporção. Cito:

> Se prestarmos atenção à atitude de pais afe-
> tuosos para com os filhos, temos de reconhecer
> que ela é uma revivescência e reprodução de
> seu próprio narcisismo, que de há muito aban-
> donaram. O indicador digno de confiança
> constituído pela supervalorização [...] domina,
> como todos sabemos, sua atitude emocional.[12]

O texto freudiano já estabelece um ideal desproporcional, propondo a supervalorização como o afeto que caracteriza esse modo de laço: trata-se de um *excesso* de estima sobre esse filho ou filha, que será objeto de uma compulsão a uma recuperação narcisista parental, denominado no texto de "narcisismo dos pais renascido"[13] — uma tentativa de desmentir o mal-estar na cultura por meio do filho/criança. E para que a desproporção seja bem extrema, agrega que o novo descendente "concretizará os sonhos dourados que

---

[12]FREUD, S. (1914) Sobre o narcisismo: uma introdução. In: FREUD, S. *História do movimento psicanalítico, artigos sobre a metapsicologia e outros trabalhos (1914-1916)*. Direção de tradução de Jayme Salomão. Rio de Janeiro: Imago, 1996, p. 97.
[13]*Ibid.*

os pais jamais realizaram"[14]. Não há nada de natural nem biológico nesse argumento.

Algumas coisas se esclarecem a partir dessas linhas de Freud, fundamentalmente para dar outro matiz àquilo que nós, analistas, costumamos denominar *a pré-existência do Outro*. No texto citado, tal pré-existência toma o valor do narcisismo resignado e dos desejos irrealizados dos progenitores desse novo sujeito que chegou ao mundo. É patente, então, que esses atores entram em cena a partir de certo modo de manifestação de sua própria falta — segundo Freud, no nível do narcisismo e do desejo —, e não do cumprimento de uma obrigação biológica. E então, criar um filho tem aqui seu ponto de partida.

Ora, esse ponto de partida é muitas vezes recusado nestes tempos do capitalismo, em que sempre há alguém que sugere ter o manual para que a tarefa de criação resulte efetiva e essa compensação se produza proporcionalmente. Ditos gurus jogam com uma necessidade quase

---

[14] *Ibid.*

estrutural daqueles que exercem a função impossível da criação proporcional proposta a partir do ideal. É algo que seguirá existindo enquanto exista o capitalismo. O problema ocorre quando aqueles que encarnam esses discursos são pretensos psicanalistas — há vários e estão muito presentes neste momento tão delicado da pandemia.

Retomo o início de meu argumento. Se vivêssemos na natureza, se nós, humanos, cumpríssemos o programa genético, se não falássemos, nenhuma dessas elaborações teria sentido. Todos saberíamos instintivamente o que e como criar nossos filhos, e de modo algum faria falta um ideal.

A desproporção introduzida pela linguagem cria as condições para que os humanos nasçam sujeitados aos avatares do desejo e do gozo do Outro, para que dependam deste. Por sua vez, esse Outro carece de um conhecimento acabado e completo que lhe permita garantir a proporcionalidade de sua operação e, como já afirmei, faz o que pode. E como o que pode sempre é pouco ou demasiado, outra vez nos encontramos com a ausência de proporção.

Em seu retorno a Freud, Lacan afirmou que o sentido produzido pelo inconsciente tem por função suprir essa proporção impossível no ser falante — este ao que preferiu nomear "falasser", *parlêtre* (em francês), escrito assim, em uma só palavra. Ora, enquanto o *falasser* tenta produzir algo que impeça a irrupção da dita desproporção, resulta capturado por um modo de satisfação paradoxal, nome freudiano, com efeito, para o gozo: satisfação que toma o valor de prazer para um sistema e desprazer para o outro (são os clássicos termos de Freud), mas que, devido à sua própria estrutura, é impossível de compartilhar com qualquer outro. Então, como efeito da singular operação que cada *falasser* realiza com a desproporção sexual, ficamos sós: somos "esparsos disparatados"[15], segundo a conhecida figura que propõe Lacan em 1976, no "Prefácio à edição inglesa do *Seminário 11*". Mas então... como podemos viver assim?

---

[15]LACAN, J. (1976) Prefácio à edição inglesa do *Seminário 11*. In: LACAN, J. *Outros escritos*. Tradução de Vera Ribeiro. Rio de Janeiro: Zahar, 2003, p. 569.

Podemos viver juntos, compartilhar espaços, agruparmo-nos e inclusive formar casal e família graças a essa besteira (*bêtise*) do significante e ao laço que essa besteira permite produzir. Lacan chamou de "discursos" as modalidades de laço que têm por função, entre outras, civilizar os modos de satisfação paradoxal para que possamos viver juntos. Se seguirmos essa lógica, o casal e a família são um modo de laço que surge do significante e, como tal, uma besteira. Que longe estamos do ideal de família, aquele que a considera um feito biológico natural!

E o amor — inclusive o amor familiar — é um modo radical da besteira que tem como função velar a desproporção. Por isso, em todos os laços que construímos, de vez em quando, cedo ou tarde, os véus caem e a desproporção se deixa ver atacando o laço. Assim, onde antes regia o porvir da ilusão (outro significante bem freudiano) que nos mantinha juntos, aparece o que — segundo outra expressão de Lacan — realmente somos: Uns-discretos-de-gozo. Por isso, sustentar nossos laços é uma espécie de luta — o famoso escritor francês Michel Houllebecq afirma que vivemos em um "campo de batalha"[16]. E na fala cotidiana, em nossas conversas mais coloquiais, aparecem os advérbios como indicadores da desproporção: "gosto *demais* de você, você ajuda *pouco*, deveria se comprometer *mais*, é *exageradamente* pidão, tudo aconteceu *muito* rápido ou *muito* tarde...". Enfim, sempre se trata de algo mais, de algo menos ou de algo diferente do esperado, que está sempre à espreita, ameaçando dissolver o laço para nos devolver à verdade da estrutura.

Mas, ademais, essa desproporção não somente se verifica no laço com o outro, mas, como Freud mesmo assinalou, ameaça nosso próprio eu (se é que ele existe), fazendo a psicanálise participar da revolução copernicana, que expulsou o homem do centro do universo. Como é que ocorre isso? Falando; cada vez que algum sujeito humano fala; qualquer que seja a capacidade e formação

---

[16]HOULLEBECQ, M. *Ampliación del campo de batalla*. Barcelona: Anagrama, 2001.

do falante, qualquer que seja seu nível intelectual e sua cultura. Porque, muito tempo antes da chegada de Freud, poderíamos dizer inclusive que desde que o sujeito humano fala, quando o faz, sempre diz mais, menos ou outra coisa do que queria dizer. Esse é o primeiro nível para situar a desproporção: no próprio lugar do agente, que é o lugar ocupado pela linguagem. Não se atinge a proporção entre a vontade de dizer e o que se diz. Não se atinge a proporção entre enunciado e enunciação — e isso mais além do talento oratório ou discursivo do falante.

Tal fenômeno foi reconhecido pelos primeiros filósofos da linguagem (seria impróprio denominá-los linguistas), muito antes de Freud aparecer em cena. E o consideravam um déficit que poderia vir de uma falha no instrumento de comunicação, assim como obedecer a outros fatores (contextuais, próprios do falante etc.). A manobra de Freud, que além disso operou como condição da invenção da psicanálise, foi converter esse fenômeno estrutural em um signo positivo da existência do inconsciente.

Provavelmente, que um filho ou uma filha seja mais, menos ou outra coisa que aquilo que seu pai e sua mãe esperavam seja o melhor argumento para afirmar que, no quadro da família humana, tampouco há proporção sexual. E basta conversar com esses pais e mães para que a desproporção se presentifique como uma característica do menino ou da menina em questão, característica que aparece sempre no mesmo lugar: "é *muito* pidão, come *pouco*, é *muito* irritadiço, se mexe *mais* do que o adequado, seu tempo de atenção não é o *necessário*, se masturba *exageradamente*, fala *pouquíssimo*, retém *excessivamente* as fezes e tantas outras..." As manifestações clínicas da desproporção dividem e interpelam esses Outros primordiais, convertendo-se na causa de um sofrimento que tentaram resolver, na maioria das vezes, mediante um recurso que falhou e reiniciou o ciclo.

Faz muitos anos, em 1999, chamei essa posição de "o sofrimento das crianças"[17], no sentido

---

[17]Cf. PEUSNER, P. *El sufrimiento de los niños*. Buenos Aires: JVE, 1999.

objetivo, e propus o "dispositivo de presença de pais, mães e parentes"[18] para lhe dar lugar e favorecer seu tratamento analítico. Hoje, atrevo-me a afirmar que o sofrimento das crianças, tanto em seu matiz subjetivo como objetivo, é um dos nomes clínicos da desproporção[19]. Os discursos do ideal enfrentam-na tentando corrigi-la, sancioná-la ou normalizá-la. É uma tarefa impossível. Sabemos que se, de fato, se trata de um componente estrutural, ela responde ao caso a caso.

Nós, analistas, celebramos tal desproporção? Isso seria tão inútil como querer eliminá-la. Lacan dizia, em 1974, que "ali onde não há proporção sexual, isso produz um *troumatisme*[20]. Nós inventamos. Nós inventamos o que podemos, é claro"[21].

---

[18]Cf. PEUSNER, P. *El dispositivo de presencia de padres y parientes en la clínica psicoanalítica lacaniana con niños*. Buenos Aires: Letra Viva, 2010.

[19]Cf. PEUSNER, P. *Autoridad y desproporción sexual en la clínica psicoanalítica lacaniana con niños*. Buenos Aires: Letra Viva, 2010.

[20]Nota do autor: Neologismo por condensação criado a partir dos termos *trou* (furo) e *traumatisme* (traumatismo).

[21]LACAN, J. (1974) *Les non-dupes errent*. Aula de 19 de fevereiro de 1974. Inédito.

Por isso, a desproporção, como o sofrimento, é analisada...

Este livro foi finalizado em junho de 2021.
A fonte usada no miolo é Baskerville corpo 11,5.